"MOTIVAZIONE IN AMBITO LAVORATIVO: CASO PROCTER AND GAMBLE"

Di

Gabriele Napolitano

Per l'edizione cartacea ISBN: 978-1484057865

Un particolare ringraziamento va al Professor Luca Gnan per aver consentito la realizzazione della mia tesi.

Un altro ringraziamento va a tutti coloro che hanno condiviso con me questo percorso rendendolo più veloce e piacevole di quanto pensassi.

Infine, ma non meno importante, il ringraziamento alla mia famiglia. Ai miei genitori che mi hanno sempre sostenuto, non solo economicamente, e ai miei fratelli che con i loro consigli e aiuti hanno reso il tutto più facile.

SINTESI

Il tema della motivazione nell'ambito lavorativo, è un qualcosa che si sta rivelando sempre più importante per i lavoratori, ma anche per le organizzazioni stesse. Questa tesi nasce dall'interesse verso le operazioni concrete che possano portare ad un accrescimento della motivazione del personale, e non per le tante e variegate teorie motivazionali esistenti.

Per questo motivo ho deciso quindi di andare ad analizzare il comportamento di un azienda leader nel suo settore, ossia quello dei beni di consumo, ma che è anche tra le aziende più importanti ed influenti a livello mondiale, la Procter & Gamble.

Vedremo quindi che tipo di conseguenze porteranno i suoi comportamenti e le sue iniziative in ambito della motivazione del personale, ponendo un attenzione particolare ai concetti di Promote from within e Diversity and inclusion.

INDICE

INTRODUZIONE..6

SUDDIVISIONE DEL LAVORO..7

1 LA MOTIVAZIONE...10

1.1 DEFINIZIONE..10

1.2 LE TEORIE MOTIVAZIONALI...11
    1.2.1 MASLOW...11
    1.2.2 HEZBERG..13
    1.2.3 MCGREGOR...14
    1.2.4 SKINNER...15
    1.2.5 VROOM...16
    1.2.6 ARGYRIS...17
    1.2.7 MCCLELLAND..18

2 FAVORIRE IL CLIMA PER RAGGIUNGERE LA MOTIVAZIONE......20

2.1 LA MOTIVAZIONE EMOTIVA..20

2.2 LA MOTIVAZIONE ECONOMICA..21

2.3 LA LEADERSHIP..22

2.4 I VALORI E LA CULTURA AZIENDALE..23

2.5 COME INDIVIDUARE IL MANAGER..24

2.6 RESPONSABILITA' DEL MANAGER..29

3 CASO "PROCTER & GAMBLE"..32

3.1 STORIA DELLA PROCTER & GAMBLE..32

3.2 PROMOTE FROM WITHIN.. 36

3.3 DIVERSITY AND INCLUSION..38

CONCLUSIONI..41

BIBLIOGRAFIA 44

SITOLOGIA..45

INTRODUZIONE

La motivazione è l'espressione dei motivi che inducono un individuo a una determinata azione. Da un punto di vista psicologico può essere definita come l'insieme dei fattori dinamici aventi una data origine che spingono il comportamento di un individuo verso una data meta; secondo questa concezione, ogni azione che viene compiuta senza motivazioni rischia, quindi, di fallire.

La motivazione svolge fondamentalmente due funzioni: attivare e orientare comportamenti specifici. Nel primo caso si fa riferimento alla componente energetica di attivazione della motivazione. Nel secondo caso si fa riferimento alla componente direzionale di orientamento.

È possibile fare una prima distinzione tra motivazioni biologiche, innate, che fanno riferimento a elementi fisiologici, ed elementi motivazionali di tipo psicologico-cognitivo, il cui dispiegamento è avvenuto durante l'esperienza. Il meccanismo motivazionale si esplica come continuo interagire di questi due elementi. Un'altra distinzione fondamentale avviene attraverso il concetto di motivazione intrinseca, o motivo, non sempre o pienamente consapevole alla coscienza del soggetto, e motivazione estrinseca, quella che il soggetto dichiara verbalmente.

Per motivazione si intende uno stato interno che attiva, dirige e mantiene nel tempo il comportamento di un individuo. La motivazione è un concetto molto ampio che viene suddiviso in tre filoni principali: la motivazione estrinseca, la motivazione intrinseca e l'orientamento motivazionale.

Numerose teorie trattano l'argomento della motivazione mettendo l'accento su componenti diverse ed approfondendo aspetti diversi del complesso costrutto di motivazione.

Possiamo dire che tali teorie sembrano tutte giuste, ma la vera capacità sta nel saper attuare l'una o le altre nel momento giusto e con le persone con determinate caratteristiche.

SUDDIVISIONE DEL LAVORO

Il lavoro è suddiviso principalmente in 3 capitoli.

Il primo capitolo si occupa di esporre quelle che sono le principali teorie motivazionali che oggi conosciamo.

Particolare attenzione viene data alla teoria di Maslow, dove Secondo la quale i bisogni percepiti dall'individuo si possono raggruppare in cinque categorie, e sono organizzati secondo una precisa gerarchia, per cui un bisogno non è motivante per un individuo se questi non ha prima soddisfatto i bisogni di livello inferiore nella scala gerarchica. Herzel con la sua teoria voleva dare importanza ai fattori igienici, i quali: sono quelli che non motivano, ma che se non trovano soddisfazione producono malcontento ed insoddisfazione. Fanno parte di questa categoria la supervisione da parte dei superiori, le politiche e l'amministrazione dell'azienda, le condizioni di lavoro (orario, riposo settimanale, stipendio), le relazioni con i superiori, i pari ed i subordinati, lo status, la sicurezza del lavoro e gli effetti sulla propria vita personale. Un altra importante teoria è quella di McGregor che elaborò la teoria di Maslow applicandola al management. Egli rilevò che il comportamento del dirigente si modifica in relazione alla concezione che egli ha dell'uomo, distinguendolo in due modalità alle quali diede il nome di Teoria X e di Teoria Y. Poi vengono comunque esposte altre teoria come quelle di Skinner, Vroom, Argyris, McClelland.

Nel secondo capitolo si incentra l'attenzione su un fattore molto importante la leadership e quindi la figura del manager definendo un po' le sue funzioni.

Definendo prima la Motivazione economica ed emotiva, 2 fattori importanti su cui bisogna fare leva per aumentare la motivazione del personale.

Dopodiché viene definita la leadership, Il processo di leadership consiste nell'interazione di coloro che in una struttura di stato occupano la posizione più elevata col resto del gruppo Una delle loro caratteristiche fondamentali è quella di proporre idee e attività nel gruppo utilizzando in questo modo dei mezzi per influenzare i membri del gruppo a modificare il loro comportamento. Concludendo, quello che caratterizza i leader è che possono influenzare gli altri nel gruppo più di quanto siano influenzati loro stessi.

Quindi, una volta parlato della cultura aziendale, si entra più nel dettaglio inquadrando la figura del manager e di conseguenza specificando come si seleziona e quali dovrebbero essere i suoi compiti.

Nel terzo capitolo si entra nel cuore della tesi andando ad esaminare il caso specifico della Procter&Gamble.

Si parte innanzi tutto introducendo l'azienda e parlando della sua storia, P&G fu fondata nel 1837 da due europei emigrati negli USA: William Procter (1801-1884), un candelaio inglese, e James Gamble(1803-1891), un saponiere irlandese.

Dopodiché di analizzano le due politiche utilizzate dall'azienda che sono di fondamentale importanza in tema di motivazione in ambito lavorativo, ossia la Promote from within e la Diversity and Inclusion.

La prima, significa che il datore di lavoro ha dichiarato l'impegno a prendere in considerazione lavoratori presenti per l'opportunità di promozione prima di assumere i candidati al di fuori dell'organizzazione.

La seconda, si divide in realtà in due concetti, diversità e inclusione. La diversità è la gamma delle differenze umane, inclusi ma non limitati alla razza, etnia, genere, identità di genere,

orientamento sessuale, età, classe sociale, capacità fisiche o attributi, religioso o etico sistema di valori, origine nazionale, e politica credenze. L'inclusione è il coinvolgimento e la responsabilizzazione, in cui si riconoscano il valore intrinseco e la dignità di tutte le persone. Un'università promuove e sostiene il senso di appartenenza; essa i valori e il rispetto pratiche per i talenti, le credenze, sfondi e modi di vivere dei suoi membri.

Infine la tesi si concluderà con le mie personali conclusioni, in riferimento alle domande che mi sono poste inizialmente, ossia in che modo le politiche come Promote within e Diversity and inclusion possano effettivamente comportare un miglioramento motivazionale all'interno del personale aziendale, analizzando nello specifico il caso della Procter and Gamble.

1 LA MOTIVAZIONE

1.1 DEFINIZIONE

La motivazione è l'espressione dei motivi che inducono un individuo a una determinata azione. Da un punto di vista psicologico può essere definita come l'insieme dei fattori dinamici aventi una data origine che spingono il comportamento di un individuo verso una data meta; secondo questa concezione, ogni atto che viene compiuto senza motivazioni rischia di fallire.

La motivazione svolge fondamentalmente due funzioni: attivare e orientare comportamenti specifici. Nel primo caso si fa riferimento alla componente energetica di attivazione della motivazione. Nel secondo caso si fa riferimento alla componente direzionale di orientamento.

La motivazione però non basta per spiegare perché alcune persone mettono più impegno ed energia di altre sul lavoro, quindi questa deve essere accompagnata dal giusto mix di competenze.

Un ruolo importante lo ricopre anche il contesto organizzativo, ossia l' ambiente dove la prestazione è svolta, che comprende la cultura aziendale,gli stili di direzione e gli strumenti di gestione del personale.

Quindi la prestazione si può definire come risultato di motivazione, competenze e sistema organizzativo.

Tornando a parlare di motivazione,studi recenti la dividono in innate e acquisite. Le prime riguardano gli istinti che assicurano la sopravvivenza della persona, sono uguali per tutte, ma si manifestano in maniera differente in relazione alle diverse culture di ognuno. Le seconde, invece, cambiano al cambiare dell'uomo e sono influenzate sia dall' ambiente socio-culturale, che dalla personalità individuale. Sia le motivazioni innate, che quelle acquisite agiscono a livello conscio e inconscio.

Inoltre la motivazione può essere classificata anche in intrinseca ed estrinseca, la quale a come fine quello di conseguire un premio, a ricercare uno status di fronte alee altre persone, o cerca di evitare punizioni. Quella intrinseca, invece, ha come fine quello di raggiungere la gratificazione che l'azione stessa porta.

La motivazione può anche essere vista secondo un processo circolare, il quale inizia da uno stato di tensione per la insoddisfazione verso certi bisogni, quindi si arriva a uno stato d'irrequietezza, con la ricerca dei mezzi per la soddisfazione dei bisogni. Una volta soddisfatti l' individuo rivaluta la situazione nella quale si trova e quindi scopre l' esistenza di nuovi bisogni da soddisfare.

1.1   LE TEORIE MOTIVAZIONALI

Le teorie motivazionali hanno come obiettivo quello di spiegare le ragioni dello scambio che avviene tra l'impiego e lo sforzo prodotto e il risultato raggiunto è la spiegazione   della percezione di convenienza dello scambio. Quindi ogni individuo impiega i propri sforzi e la propria energia nello svolgimento delle proprie attività lavorative vista la promessa da parte dell'organizzazione del soddisfacimento di uno o più bisogni reputati rilevanti.

Le teorie della motivazione sono, quindi, intese come teorie dei bisogni; per capire quali siano i fattori che determinano la motivazione o meno della persona si cerca d'individuare i bisogni da essa avvertiti.

1.2.1 MASLOW – TEORIA DELLA GERARCHIA DEI SOGNI

Secondo tale teoria i bisogni percepiti dall'individuo si possono raggruppare in cinque categorie, e sono organizzati secondo una precisa gerarchia, per cui un bisogno non è motivante per un individuo se questi non ha prima soddisfatto i bisogni di livello inferiore nella scala gerarchica.

Alla base della piramide abbiamo i bisogni fisiologici, cioè quei bisogni legati alla stessa sopravvivenza dell'uomo. Questi bisogni sono i primi a dover essere soddisfatti e, solamente quanto essi sono appagati in modo regolare, sorgono nell'individuo le altre necessità di livello superiore.

Seguono poi i bisogni di sicurezza intesa sia come sicurezza fisica, garantita da norme che tutelano la salute e l'incolumità dei lavoratori, che come bisogno di stabilità del lavoro, quindi l'assistenza contro la disoccupazione, le malattie e gli infortuni. Sostanzialmente si tratta di bisogni legati al desiderio di protezione e di tranquillità.

Dopodiché, troviamo quelli sociali, ovvero il senso di appartenenza al gruppo, il bisogno di essere accettati dagli altri, di riceve amicizia ed affetto. Poi ci sono i bisogni di stima intesa sia nel senso di stima degli altri che di autostima.

All'ultimo livello della piramide ci sono i bisogni di auto realizzazione che consistono nel voler essere ciò che si desidera in base alle proprie capacità e alle proprie aspirazioni e nel volontà di occupare una posizione soddisfacente nel gruppo. Secondo Maslow, un bisogno regolarmente soddisfatto non possiede una elevata forza motivante. Inoltre, un bisogno non è motivante se i bisogni di livello gerarchico inferiore non sono stati soddisfatti, quindi affinché un bisogno di livello gerarchico superiore possa emergere è necessario che quelli di ordine inferiore siano stati tutti soddisfatti.

Nelle società economicamente più avanzate, dove i bisogni di livello inferiore della scala gerarchica sono comunemente soddisfatti la motivazione alla stima e alla auto realizzazione prevalgono su altri bisogni gerarchicamente inferiori.
La piramide di Maslow è stata oggetto di parecchie critiche,   come ad esempio:

⋏ ⋏ ☐   non si deve passare obbligatoriamente attraverso tutti i livelli della scala gerarchica, è possibile invece che alcuni di essi siano saltati. Infatti gli individui possono percepire i bisogni in maniera diversa per cui alcuni possono decidere di soddisfare i bisogni di grado più elevato sacrificando altri di ordine inferiore;

⋏ ⋏ ☐   accade che in situazioni diverse e in contesti economici e culturali diversi le scale dei bisogni degli individui possono essere differenti;

⋏ ⋏ ☐   la teoria esclude che un individuo possa essere spinto da più bisogni simultaneamente anche se con una diversa intensità.

1.2.2 HEZBERG - TEORIA DI MOTIVAZIONE-IGENE

La ricerca di Hezberg aveva come oggetto l'analisi di due fattori che sono alla base dei sentimenti di soddisfazione o insoddisfazione del lavoro. L'ipotesi dalla quale è partito parte dal fatto che esistono fattori che possono produrre soddisfazione e altri invece produrre insoddisfazione.

Quindi durante una ricerca di 12 anni intervistò molte persone, dalle quali ottene risultati interessanti.

Scopri infatti che esistono fattori chiamati motivanti perché la loro presenza determina una maggiore soddisfazione dell'individuo e quindi una maggiore motivazione, però la loro assenza non provoca insoddisfazione.

Ed esistono altri fattori chiamati igienici e la loro presenza è necessaria per evitare l'insoddisfazione, però non comporta una maggiore motivazione. Per tale motivo secondo Hezberg le persone si possono classificare in ricercatori di motivazione o in ricercatori di igiene. I primi riguardano la ricerca intrinseca al lavoro, mentre i secondi sono sensibili solamente agli incentivi esterni e aggregati al lavoro come l' ambiente, la remunerazione ecc.

Le motivazioni legate ai fattori motivanti corrispondono a quelli che Maslow ha chiamato bisogno di autorealizzazione e bisogno di stima,a quei bisogni che riguardano la crescita psicologica della persona. Essa è subordinata alla presenza di alcune condizione riguardanti l'esecuzione del lavoro.

La prima di esse riguarda l'ampliamento della conoscenza, occorre, quindi, che il lavoro costituisca uno stimolo continuo ad apprendere sempre nuove nozioni.

La seconda condizione riguarda l'ampliamento delle relazioni, dovute sempre da un aumento della conoscenza.

La terza, invece, è rappresentata dalla creatività; la quarta è l'efficacia in condizioni di incertezza, la quale consiste nella capacità dell'individuo di decidere autonomamente in caso di situazioni non previste dai modelli di comportamento prefissati.

La quinta condizione è chiamata crescita reale, dove la crescita psicologica deve riguardare le azioni compiute dall'individuo e non da altri con i quali il primo si identifica per ragioni affettive o ideologiche.

La sesta, infine, consiste nel principio di individuazione, cioè nel fatto che la crescita psicologica deve riguardare l'individuo in quanto tale.

Per poter soddisfare i bisogni si ordine superiore bisogna ricorrere al job enrichment, il quale consiste nell'arricchimento del lavoro tramite l'unificazione di compiti con contenuti di responsabilità diversi.

Osservando le diverse combinazioni di presenza/assenza dei fattori motivanti e dei fattori igienici è possibile costruire una matrice, dove sui suoi assi mettiamo la presenza o l'assenza dei fattori motivanti, sull'asse delle ordinate e la presenza o l'assenza dei fattori igienici sul ascisse.

Possiamo escludere il quadrante in basso a sinistra dove mancano tutti i fattori.

In alto a sinistra abbiamo la presenza di fattori motivanti, ma l'assenza di quelli igienici. Possiamo quindi dire che l'individuo è stimolato allo svolgimento del proprio lavoro, ma è insoddisfatto per quel che riguarda i bisogni basilari.

In alto a destra , invece, abbiamo la presenza dei fattori motivanti cosi come di quelli igienici, quindi, in questo caso l'individuo sarà motivato e non insoddisfatto.

Infine nel quadrante in basso a destra abbiamo la presenza di fattori igienici e l'assenza dei fattori motivanti, quindi parliamo di tutti quei lavori di routine.

Quindi importantissimo per l'organizzazione è capire in quale quadrante della matrice può essere inserita una persona visto il suo profilo motivazionale. L' unica contestazione fatta ad Hezberg è sulla metodologia di raccolta dati.

1.2.3 McGREGOR – TEORIA X E TEORIA Y

McGregor pensa che esistono 2 modi diversi di concepire il rapporto tra l'uomo e il suo lavoro, arrivando quindi alla formulazione delle teorie X e Y.

La teoria X parte dall'idea che la maggior parte delle persone preferiscano essere guidate, ambendo soprattutto alla sicurezza,. Quindi seguendo questo ragionamento si pensa che le persone siano motivate dal denaro e dalla minaccia di punizioni. I manager che condividono questa teoria tendono a controllare in maniera molto stretta i propri dipendenti. Però questi tipi di controlli possono creare un circolo virtuoso dovuto al fatto che i dipendenti reagiscano nella maniera spiegata dalla teoria X. Questo circolo si potrà interrompere solo se il manager saprà creare un clima di fiducia che attraverso la teoria X, che però non è ottenibile.

Per tali ragioni Mcgregor era convinto che la teoria X era destinata al fallimento, quindi convinto che i manager dovevano comprendere di più la nauta e la motivazione umana, elaborò una teoria alternativa, chiamata teoria Y.

La teoria Y rappresenta un modello opposto, dove i dipendenti non sono ostili nei confronti delle esigenze aziendali, anzi possono essere autodisciplinate e creative nel lavoro, se motivate nella maniera giusta. Lo stile direzionale più adatto è quello flessibile, in modo d'assicurare questo contesto organizzativo.

La teoria X e la teoria Y rappresentano dunque atteggiamenti o predisposizioni delle persone nei confronti del lavoro e, di conseguenza, dei capi nei confronti dei propri subordinati. Nonostante la teoria "migliore" risulti la teoria Y il manager può ritenere opportuno di non seguire questa teoria in determinati frangenti. Infatti, nel breve periodo, un comportamento più autoritario e basato sul controllo assimilabile alla teoria X potrebbe essere più corretto.

1.2.4 SKINNER – TEORIA DEL RINFORZO

Skinner, ha definito l'incentivo in base alla variazione della forza di risposta piuttosto che a criteri più soggettivi, come ciò che è piacevole o utile a qualcuno.

Quindi, le attività, i prodotti alimentari o gli oggetti considerati piacevoli o divertenti, non necessariamente sono stimolanti in quanto non producono nessun aumento nella risposta precedente. Gli oggetti, le impostazioni e le attività possono essere accettati come stimoli solo se il comportamento che precede immediatamente lo stimolo aumenta in situazioni simili in futuro, ad es., un bambino che riceve un gioco dopo averne fatto richiesta. Se la frequenza delle richieste di giochi aumenta, il gioco può essere visto come stimolo. Se però non vi sono altre richieste, il biscotto non può essere considerato tale.

La teoria dell'incentivazione differenziale è una delle teorie motivazionali che afferma che il comportamento stimolato sarà ripetuto, e il comportamento che non è stato stimolato ha meno probabilità di essere ripetuto

L'unico criterio che determina se un oggetto, l'attività, o l'alimento è di stimolo è il mutamento di probabilità di un comportamento dopo la somministrazione di quel potenziale inventivo. Altre teorie possono concentrarsi su altri fattori come, ad es., i giochi di strategia, ma nella teoria comportamentale l'incentivo è descritto da una maggiore probabilità di risposta.

Lo studio sull'incentivo ha prodotto un enorme corpo di teorie e di risultati sperimentali. L'incentivo, del resto, è il concetto centrale in ambito educativo, nell'analisi applicata al comportamento, e nell'analisi sperimentale del comportamento.

1.2.5 VROOM – TEORIA ASPETTATIVA-VALENZA

Questa teoria è quella che meglio di altre mette in evidenza le differenze esistenti tra gli individui.

La teoria si basa sul fatto che gli individui siano degli esseri razionali e che, quindi, il comportamento umano sia il risultato di scelte consapevoli tra le diverse alternative che portano alla ricerca di risultati desiderabili. Secondo Vroom è importante valutare i bisogni degli individui, i quali sono molto simili tra i diversi individui, la valenza che gli individui conferiscono ai diversi bisogni, ma in particolare bisognerà analizzare le diverse aspettative che ogni individuo avrà sul verificarsi o meno dei risultati attesi.

Da tutto ciò deriva l'energia che un individuo applica per lo svolgimento di una certa azione

1.2.6 ARGYRIS – TEORIA DELLA MATURITA'-IMMATURITA'

Secondo Argyris, la causa di molti problemi dell'organizzazioni sono il fatto che la maggior parte di esse siano dominate da
principi burocratici ed autoritari.

Chris Argyris, pone la sua attenzione sulla differenza esistente tra i bisogni avvertiti dagli individui e gli obiettivi delle organizzazioni.

L' autore spiega le caratteristiche che, secondo lui, contraddistinguono uno stato di piena "maturità" dell'individuo e le leggi che, in
condizioni normali, presiedono al suo sviluppo.

Queste leggi riguardano essenzialmente le trasformazioni che avvengono nel passaggio dall'infanzia alla maturità. L'infanzia dell'uomo è caratterizzata da condizioni di passività, dipendenza dagli altri, interessi non ben definiti e superficiali, limitata visione temporale. Il passaggio all'età adulta comporta l'abbandono di queste condizioni di inferiorità e la conquista di qualità contrapposte alle prime: indipendenza, capacità di ricerca e di adattamento, interessi continuativi e profondi, capacità di programmare il proprio futuro, di assumere responsabilità.

Un individuo, nel momento in cui viene assunto in un'azienda, ha
un autocontrollo e una maturità emozionale che possono variare dall'immaturità alla piena maturità.

Secondo Argyris, il modo in cui è organizzato il lavoro nella maggior parte delle aziende, contrastata i naturali processi di sviluppo delle persone, non consentendo loro il raggiungimento della maturità. Esiste quindi una incompatibilità tra le necessità degli individui psicologicamente sani e le caratteristiche delle grandi aziende, che di regola hanno bisogno solo di dipendenti passivi e che si adattino alle proprie regole.

La soluzione proposta da Argyris consiste principalmente nella delega di autorità, in quanto il potere troppo accentrato e i sistemi di controllo esasperati soffocano la personalità e l'iniziativa dell'individuo.

A tal fine si può ricorrere al job enlargement, che comporta un allargamento in senso orizzontale della mansione.

1.2.7 McCLELLAND – TEORIA DELLA MOTIVAZIONE AL SUCCESSO

McClelland ripropone il bisogno come base della motivazione, vedendo che esistono persone con un forte bisogno di successo e altre che non sembrano interessate a tale obiettivo.

MecClelland spiega che esistono tanti tipi di personalità e che quindi i bisogni sono percepiti in maniera differente, quindi l' autore individua alcune categorie di bisogni a cui associa diversi tipi di motivazione: bisogni di successo, di affiliazione, di potere.

Secondo questa teoria, quindi, solo le persone con una forte motivazione al successo possono ottenere soddisfazione dal proprio lavoro, parliamo quindi di autorealizzazione. Questo tipo d'individui ha la tendenza a ricercare compiti sempre difficili con un livello di rischio che gli permette comunque il raggiungimento dell'obiettivo.

Le persone orientate verso bisogni di affiliazione, hanno come obiettivo quello di essere amati ed accettati dagli altri, per tale motivo il modo migliori per ottenere prestazioni elevate è quello di minacciare l'individuo di allontanarlo dal contesto affettivo in cui operano.

Le persone motivate da bisogni di potere hanno come obiettivo quello di poter influenzare il comportamento delle persone per il gusto di farlo e non per gli interessi dell'azienda. McClelland ha evidenziato che esistono ruoli dove è migliore avere persone motivate da bisogni di affiliazione, quindi non sempre le persone motivate da bisogni di successo sono le più adatte.

In generale ogni ruolo aziendale deve essere ricoperto da persone motivate da bisogni di affiliazione, di successo e di potere nella giusta percentuale.

Generalmente, tutti e tre i bisogni sono presenti in ogni individuo.

Sono modellati e accrescono col tempo proporzionalmente ai precedenti culturali dell'individuo e alla sua esperienza di vita.

Può essere usata la formazione per modificare un profilo di bisogno.

Tuttavia, uno dei bisogni è quello dominante, anche secondo la personalità.

L'importanza dei diversi bisogni al lavoro dipende dalla posizione che uno occupa. Il bisogno di successo e quello di potere sono tipici dei direttori generali e degli altri dirigenti.

2 FAVORIRE IL CLIMA PER RAGGIUNGERE LA MOTIVAZIONE[2]

2.1 LA MOTIVAZIONE EMOTIVA

Per molti il lavoro è soltanto è soltanto una pratica noiosa di sostentamento: la vita è da altre parti ed inizia dopo aver finito di lavorare. Per molte persone è cosi, però è importante dire che il luogo di lavoro è già di per sé un piccolo mondo. In quei pochi metri del nostro ufficio abbiamo dinamiche, caratteri, sentimenti, situazioni davvero analoghi con quelli del mondo esterno. Magari isolati e semplificati, ma comunque possono essere considerati metafora della vita.

Possiamo quindi dire che il lavoro è uno specchio di noi stessi, dal quale si denota la nostra personalità e il nostro carattere.

Inoltre è importante dire anche che trascorriamo almeno 8 ore al giorno per 5 giorni a settimana al lavoro, e di conseguenza passare questo tempo sperando che finisca presto e non soddisfatti diventa davvero difficile, quindi capiamo bene che non si può relegare il tempo in cui lavoriamo a secondario, quando in realtà ci occupa la maggior parte del nostro tempo.

---

2 Per la stesura del seguente capitolo è stata presa ispirazione da:COSTRUIRE LA MOTIVAZIONE
   GLOBALE (Denis Delespaul) ANNO:2006, ECCELLENZA NELLA MOTIVAZIONE (Gisella
   Hageman) ANNO:1992, LA MOTIVAZIONE (Roberto Tomalino) ANNO:1990

Tutto questo è di fondamentale importanza per capire come poter motivare i lavoratori nel contesto sociale in cui oggi ci troviamo, oggi infatti rispetto al passato gli individui tendono a dare sempre più importanza allo sviluppo personale, diventando quindi una priorità.

Nell'azienda l' individualista utilizza sempre di più la parola "mio", "noi" ecc.. Questo per responsabilità anche del management che tende sempre di più a curare gli individui singolarmente, piuttosto che aggregarli intorno a progetti collettivi.

Per contrastare ciò, l'azienda dovrebbe far emergere nuovi valori e raccogliersi attorno a un progetto globale. Diventa sempre più importante per l'azienda la dimensione emotiva, infatti non è più vero che il fine giustifica i mezzi, perché sempre di più i lavoratori guardano oltre che ai risultati anche le modalità con le quali essi sono stati raggiunti.

2.2 LA MOTIVAZIONE ECONOMICA

La terza leva emotiva principale è quella economica.

Le persone non lavorano semplicemente per poter vivere, il tutto gira intorno alla "equità", infatti il processo di comparazione sociale influisce maggiormente della soddisfazione personale.

Possiamo individuare 5 aspetti che un lavoratore generalmente prende in considerazione:

⋏ ⋏◻ Il **riferimento storico**, ossia il confronto sulla base del tempo. Il lavoratore infatti si aspetta che nel tempo la retribuzione aumenti secondo criteri precisi.

⅄ ⅄ ☐ Il **riferimento sociale**, cioè il lavoratore si confronta con il proprio ambiente, quindi la retribuzione deve essere commisurata in relazione alle aspettative del gruppo sociale in cui ci si trova.

⅄ ⅄ ☐ Il **riferimento finanziario**, cioè il confronto con i propri bisogni, quindi la percezione cambia al cambiare delle proprie necessità materiali.

⅄ ⅄ ☐ Il **riferimento organizzativo**, cioè il confronto con le altre retribuzione dell'azienda.

⅄ ⅄ ☐ Il **riferimento di mercato**, cioè il confronto che il lavoratore effettua con le retribuzioni delle altre aziende.

Ad avere effetti negativi sarà anche la cosiddetta iniquità positiva, quando una persona si sente trattata troppo bene rispetto agli altri avremmo effetti negativi sulla motivazione.

Inoltre la motivazione economica dobbiamo considerarla come un fattore instabile, in quanto dovrà essere sempre messa in discussione viste le diverse variabili da cui viene influenzata.

È di fondamentale importanza per l'azienda comunicare in maniera trasparente e chiara le valutazioni dei risultati, specificando quali siano i meccanismi, per ottenere degli aumenti. Fornendo questo quadro pubblicamente l'azienda permette a ciascuno dei suoi impiegati di fare delle valutazioni confrontando la sua situazione con quella altrui, permettendo quindi la presenza di una dei fattori principali della motivazione economica.

1.1 LA LEADERSHIP

Il processo di leadership consiste nell'interazione di coloro che in una struttura di stato occupano la posizione più elevata col resto del gruppo. Una delle loro caratteristiche fondamentali è quella di proporre idee e attività nel gruppo utilizzando in questo modo dei mezzi per influenzare i membri del gruppo a modificare il loro comportamento. Ma quello che caratterizza i leader è che possono influenzare gli altri nel gruppo più di quanto siano influenzati loro stessi. Per questo motivo nelle più recenti teorie sulla leadership ci si propone di ritenere la leadership una relazione, anche perché il leader è colui che ha dei seguaci, senza seguaci non ci possono essere leader.

Per il concetto di leadership esistono diverse definizioni qualificabili differentemente in base all'approccio teorico adottato. leadership è considerata una relazione sociale che prende forma in una situazione che richiede scelte di principio e di comportamento. In base ai diversi significati che i diversi approcci attribuiscono alla figura del leader e si avranno tre categorie di definizioni, ognuna delle quali focalizza l'attenzione su alcuni elementi che ne influenzeranno lo sviluppo di una definizione.

La prima categoria di definizioni è caratterizzata dall'attenzione ai tratti e alle capacità caratteristiche dei leader o alla funzione di conduzione. Questo insieme di definizioni esamina solo le qualità intrinseche del leader, trascurando il contesto.

Il secondo insieme di definizioni focalizza l'attenzione sul controllo, sulla spinta, sulla direzione delle azioni o degli atteggiamenti che un soggetto riesce ad imprimere ad altri soggetti o ad un gruppo, con la più o meno acquiescenza dei seguaci, senza usare la coercizione. Con queste definizioni non si riconosce una categoria speciale di persone che sono leader, ne che particolari azioni o qualità conferiscano la leadership. Si tratta di un complesso di definizioni denominate anche funzionaliste

La terza categoria di definizioni si dedica all'azione di influenza, qualunque essa sia, che determina un cambiamento utile al raggiungimento degli obiettivi del gruppo. Questo terzo significato sembra sottintendere che una leadership auto-centrata non è leadership autentica e che tutto si debba o si possa comunque ridurre ad un problema di influenzamento, per di più ad una sola strada.

1.1   I VALORI E LA CULTURA AZIENDALE

per quanto riguarda i successi dei grandi gruppi mondiali le motivazioni risiedono generalmente in un abile assemblaggio di elementi finanziari ed economici, però per arrivare ad un successo duraturo nel tempo c'è bisogno di una cultura aziendale molto forte.

Nelle grandi aziende la cultura aziendale può influenzare i suoi collaboratori fino ai dettagli più piccoli, parliamo ad esempio del forte orgoglio di appartenenza, uno stile omogeneo, l'ammirazione verso il leader e un vocabolario comune. Non è assolutamente facile diffondere la cultura aziendale tra i suoi membri, infatti come spiega Edgar H. Schein (1990) nel suo ottimo libro *Cultura d'azienda e leadership, "una cultura d'azienda è un insieme di assunti base-inventati, scoperti o sviluppati da un gruppo determinato quando impara ad affrontare i propri problemi di adattamento con il mondo esterno e di integrazione al suo interno- che si è rivelato cosi funzionale da essere considerato valido e quindi deve essere indicato a quanti entrano nell'organizzazione come il modo corretto di percepire, pensare e sentire in relazione a quei problemi"*.

Anche se sono i leader a creare la cultura aziendale, poi il management ad avere l'importante compito di trasmetterla tutti e di farla vivere giorno per giorno.

Un buon management è sicuramente importante, però lo è di più tanto più è grande l'azienda.

Infatti, quando siamo in presenza di un'azienda di grandi dimensioni, il management deve far in modo che in ogni passaggio si perdano il minor numero di informazioni. Paradossalmente nelle grandi aziende il numero di manager è più basso, e questo per due motivi: il primo è perché in una azienda di grandi dimensioni il numero di leader all'altezza giusto per quell'azienda è difficile trovarli, il secondo motivo è che in grandi aziende hanno un peso maggiore l'organizzazione e la procedura aldilà delle qualità dei singoli manager.

2.4 COME INDIVIDUARE IL MANAGER

Innanzitutto, è bene spiegare che cosa intendiamo per manager e per management. Il management in economia aziendale, indica il processo aziendale di definizione degli obiettivi di un'azienda (sia essa pubblica o privata) e di guida della gestione aziendale verso il perseguimento di tali obiettivi, attraverso l'assunzione di decisioni sull'impiego delle risorse economiche disponibili e, in particolare, delle risorse umane.

Il termine viene anche utilizzato per indicare l'insieme i manager di un'azienda, cioè delle persone che hanno la responsabilità del suddetto processo.

Il ruolo del *manager* comporta non solo il coordinamento, la guida di un gruppo di persone, rappresentato dalle risorse umane a disposizione dell'azienda o della parte di azienda (unità organizzativa) sotto la sua responsabilità, ma anche e soprattutto l'assunzione di decisioni di pianificazione e di gestione per garantire l'ottenimento di risultati in linea con gli scopi aziendali ed in grado di soddisfare gli *stakeholder*, ossia i soggetti (persone od organizzazioni) portatori di interessi nei confronti dell'azienda.

Secondo Henri Fayol, uno dei fondatori delle scienze manageriali, il management consiste in cinque funzioni:

- *pianificazione*, volta a preparare l'organizzazione al futuro, cercando di anticiparlo e predisponendo il conseguente piano d'azione;

- *organizzazione*, volta a predisporre le risorse, comprese quelle umane, dell'organizzazione;

- *guida*, volta a assicurare il funzionamento delle azioni e dei processi dell'organizzazione;

- *coordinamento*, volto ad assicurare l'allineamento e l'armonizzazione degli apporti delle varie componenti dell'organizzazione;

- *controllo*, volto ad assicurare che le attività e i processi dell'organizzazione si svolgano in accordo con le regole e gli obiettivi stabiliti.

Secondo Henry Mintzberg, invece, analizzando il lavoro quotidianamente svolto dai manager in organizzazioni di vario tipo, ha individuato dieci ruoli, tra loro indissolubilmente legati, svolti dal manager nell'azienda, e li ha raggruppati in tre categorie: interpersonali, informativi e decisionali.

In virtù del suo status e dell'autorità formale di cui è investito, il manager svolge i *ruoli interpersonali* di:

- *figura rappresentativa* dell'azienda o unità organizzativa con compiti simbolici e cerimoniali;

- *leader* dell'azienda o unità organizzativa, guidando e motivando i subordinati, talvolta anche reclutandoli e formandoli;

- *collegamento*, creando e mantenendo una rete di relazioni anche al di fuori della linea gerarchica.

Le relazioni interpersonali danno al manager l'accesso a varie fonti d'informazione per svolgere i *ruoli informativi* di:

- *collettore di informazioni* rilevanti, che cerca e raccoglie all'interno e all'esterno dell'azienda;

- *diffusore di informazioni*, che trasferisce ai subordinati all'interno dell'azienda o unità organizzativa;

- *portavoce* dell'azienda o unità organizzativa, fornendo informazioni all'esterno.

In virtù delle informazioni di cui dispone e dell'autorità formale di cui è investito, il manager può svolgere i *ruoli decisionali* di:

- *"imprenditore"*, individuando le opportunità di miglioramento e promuovendo i conseguenti cambiamenti;

- *gestore di problemi*, responsabile delle azioni correttive per fronteggiarli;

- *allocatore di risorse*, che assegna alle varie attività all'interno dell'azienda o unità organizzativa;

- *negoziatore*, partecipando per l'azienda o unità organizzativa a negoziazioni con altre unità organizzative o soggetti esterni.

Tutte le aziende hanno necessità di un management: nelle imprese di minori dimensioni la relativa funzione è di solito svolta dallo stesso proprietario-imprenditore; quando le dimensioni aziendali crescono le funzioni manageriali tendono ad essere delegate a dei lavoratori, i *dirigenti*; questa separazione tra proprietà e management è ancora più accentuata nelle imprese di grandi dimensioni strutturate sotto forma di società per azioni dove i proprietari-azionisti eleggono un consiglio di amministrazione il quale, a sua volta, nomina i manager.

Nelle aziende private no profit e nelle aziende pubbliche le funzioni di management sono direttamente svolte da membri degli organi di governo o da questi affidate a dirigenti.

Da quanto detto emerge come sia limitativa l'accezione, diffusa nel linguaggio comune, che tende ad identificare il manager con il dirigente d'impresa.

Si usa distinguere il management in base a distinti livelli di responsabilità e autorità in *top* e *middle management*:

- il *top* (o *senior*) *management* comprende quel numero ristretto di persone (presidente, amministratore delegato, direttore generale, segretario generale ecc.) che estende la sua responsabilità e autorità all'intera azienda e risponde direttamente agli organi di governo, dei quali in certi casi è anche componente;

- il *middle management* ha invece responsabilità e autorità su parti dell'azienda (unità organizzative), risponde al *top management* e occupa posizioni intermedie tra questo e il livello operativo. Comprende, quindi, i responsabili delle cosiddette direzioni intermedie, siano esse di tipo funzionale o divisionale, ai quali è frequentemente attribuito il titolo di *direttore* con la specificazione della funzione (ad esempio, direttore del personale o direttore finanziario) o dell'unità organizzativa (ad esempio, direttore di sezione) sotto la sua responsabilità.

In generale si può dire che, salendo verso i livelli superiori, nel lavoro del manager tende a diminuire il tempo dedicato alla funzione di controllo mentre tende ad aumentare quello dedicato alle funzioni di pianificazione ed organizzazione.

Inoltre è importante che il management risponda ad un organo collegiale di governo, denominato genericamente *board*, che dovrebbe occuparsi delle scelte strategiche e della nomina e controllo dei management (la *governance* dell'organizzazione in senso stretto).

Se esponenti del management sono anche membri di questo collegio sarebbe inoltre opportuno che al loro fianco sedessero anche membri che non sono manager in modo da evitare conflitti d'interesse.

Un manager è una persona che nell'azienda (sia essa pubblica o privata) ha la responsabilità del *management*, ossia del processo di definizione degli obiettivi aziendali e di guida della gestione aziendale verso il perseguimento di tali obiettivi, attraverso l'assunzione di decisioni sull'impiego delle risorse disponibili e, in particolare, delle risorse umane. Il termine *management* indica anche l'insieme dei manager di un'azienda.

In italiano sinonimo di manager è dirigente. Tuttavia questo termine ha anche un significato più specifico, indicando il lavoratore preposto alla direzione di un'azienda, privata o pubblica, oppure di una parte di essa, che esplica le sue funzioni con autonomia decisionale, al fine di promuovere, coordinare e gestire la realizzazione degli obiettivi aziendali. Così inteso, il dirigente svolge tipicamente funzioni manageriali ma non tutti coloro che svolgono tali funzioni sono dirigenti.

Talvolta come sinonimo di manager si usa anche il termine inglese *executive*, che si riferisce più propriamente ai manager di livello più elevato, quelli che compongono il cosiddetto senior management.

Scegliere un manager è una delle decisioni più importante che un dirigente deve affrontare nella sua professione. Infatti tali decisioni sono durature nel tempo ed inoltre non sono di facile correzione.

Non solo è una scelta difficile perché in caso di errore ci troviamo in una situazione complessa, ma perché nel contesto sociale odierno, dove l'individualismo è sempre più forte, è davvero complicato trovare persone che si occupano davvero degli altri.

Infatti è davvero difficile trovare persone di questo genere anche se allarghiamo il campo, uscendo quindi fuori dal mondo manageriale, guardando anche il sistema politico è difficile trovare persone che si dedicano agli altri senza che facciano questo guidati da ragioni poco trasparenti. Nel caso dei manager generalmente il vero motivo per cui si dedicano al collettivo è per un successo personale e non per una reale attitudine al portare avanti gli interessi collettivi. Si può quindi dire che il manager più che una persona è più un ideale. Il vero manager dovrebbe essere un tipo carismatico, equo, stimolare gli altri, interessarsi ai problemi degli altri, trasmettere energia, farsi rispettare, essere autorevole e convincente. Detto ciò è più chiaro il motivo per il quale solo un terzo delle assunzioni dei manager è soddisfacente.

Delle soluzioni a questo problema possono essere il "promote within" che permette di minimizzare questo rischio, in quanto si conosce meglio la persona ed è quindi fondamentale creare una specie di vivaio dove far crescere i manager del domani.

Quindi per l' individuazione del manager, è importante seguire determinati principi essenziali:

1   Mai scegliere frettolosamente la persona per questo tipo di ruolo

2   Ogni impiegato ha il diritto ad avere un superiore competente

3   Non basta sapere se la persona candidata a ricoprire il ruolo manageriale abbia le competenze adeguate, ma è altrettanto importante passare diverso tempo con questa persona per valutare la sua personalità, lo stile di vita, i suoi valori, il suo modo di rapportarsi e quindi avere una visione a 360° sul lavoratore e sulla persona

4   Saper organizzare le sue funzioni, in modo che possa dedicarsi alle sue responsabilità di manager

5   Nel caso in cui ci si accorge dell'errore della sua assunzione non serve a nulla il rimprovero continuo e le lamentele, la unica strada da prendere è quella della sua sostituzione.

6   Bisogna conferire ai manager le giuste mansioni e responsabilità controllando i risultati ottenuti.

2.5 RESPONSABILITA' DEL MANAGER

Negli ultimi anni il mondo si è evoluto considerevolmente, sono diventati sempre più numerosi i clienti, che sono sempre più esigenti, cosi come è aumentato il numero delle aziende concorrenti, tutto ciò a portato a delle conseguenze, tra le quali la crescita del livello tecnico del personale aziendale.

Pero non si può dire lo stesso per quel che riguarda il management, per queste figure infatti le aziende sono costrette a effettuare più corsi di formazioni interne e più stage.

I manager attualmente non riescono a darsi degli obbiettivi ben definiti, spesso si ritrovano pressati dai loro obblighi, e di conseguenza svolgono i loro compiti in maniera superficiale, i quali sono più operativi che riflessivi.

I manager infatti hanno a che fare generalmente con tantissime chiamate e molti interlocutori, con i quali parla di cose sempre diverse.

Quindi in questo contesto diventa fondamentale capire cosa può provocare una responsabilità mal assunta, e avere ben in mente quali controlli utilizzare per evitare questi rischi.

In questo contesto le responsabilità del manager si possono concretizzare in:

●●❑ **La chiarezza delle regole**, cioè ogni manager deve conoscere nel minimo particolare le finalità aziendali per quel che riguarda la gestione del personale. Quindi per queste finalità il manager deve assumere dei comportamenti quotidiani idonei, e le sue prestazioni successivamente verranno valutate.

●●❑ **Conoscere i rischi e saperli controllare**, come tutte le funzioni anche i rischi relativi all'attività manageriale devono essere declinati alla tabella in modo da poter essere controllati.

●●❑ **Fissare gli obiettivi**, al controllo deve essere collegato un obiettivo. Nella sua fase operativa il manager deve sapere quali saranno i punti su cui verrà giudicato e quali sono gli indicatori oggettivi che verranno utilizzati. Quindi un obbiettivo sarà la definizione del risultato atteso, e dovrà essere quantificabile con una unità di misura.

●●❑ **Valutare i risultati**, questo tipo di valutazione deve guardare all'attività manageriale in chiave di prestazioni e comportamenti in relazioni all'aspetto lavoro e all'aspetto del management.

Possiamo dire quindi che il ruolo del manager non ha più un vago obiettivo di leadership, ma sempre più il suo ruolo si concretizza in azione reali, quotidiane e quantificabili. Adesso possiamo vedere come un manager deve muoversi per garantire le motivazioni descritte in precedenza, motivazione lavoro, economica e emotiva.

⚹ ⚹❑ Per mantenere **la motivazione lavoro**, il manager deve organizzare un ambiente di lavoro quotidiano sano che si basa su trasparenza, equità, solidarietà e informazione. Inoltre formare il personale sviluppando le loro competenze inserendoli nei giusti ruoli e affidandogli i giusti compiti.

⚹ ⚹❑ Per mantenere **la motivazione emotiva**, è il manager che ha la principale responsabilità essendo lui il perno della cultura aziendale, dovrà essere in grado di mantenerla e di diffonderla giornalmente, essendo quindi il portatore dei valori delle decisioni, ma anche dei messaggi.

⚹⚹❑ Per mantenere **la motivazione economica**, il manager dovrà effettuare una giusta valutazione dei risultati individuali ottenuti e potenziali, avendo il potere di aumenti salariali promozioni ecc...

3 "CASO" PROCTER & GAMBLE

Il gruppo **Procter & Gamble** è un complesso industriale di beni di consumo con sede a Cincinnati,Ohio (USA).Nell'anno 2010 presentava 127.000 dipendenti e si collocava al 26esimo posto nell'annuale classifica Fortune500. L'esercizio precedente è stato chiuso da Procter&Gamble con un fatturato di 79,7 miliardi di dollari per un utile netto di 12,7 miliardi di dollari. Il reddito dalle vendite è pari al 12,8% del totale. È stata inserita nel 2011 da Fortune Magazine al quinto posto nella classifica *"World's Most Admired Companies"* dopo avere ricoperto la sesta posizione l'anno precedente. Nel gennaio 2013 è stata eletta per il secondo anno consecutivo dalla rivista *"Chief Executive Magazine"* come la migliore azienda al mondo nella formazione dei futuri leader nel campo aziendale. Solo l'1% delle persone che affrontano l'iter di selezione riceve successivamente una proposta d'assunzione, tra oltre mezzo milione di richieste l'anno. Lo sviluppo della leadership viene testata direttamente dal primo giorno, con l'assegnazione di incarichi e progetti ai nuovi assunti sui quali hanno piena responsabilità. Oltre il 95% delle nuove assunzioni viene effettuata tra studenti neo-laureati, garantendo uno sviluppo interno all'azienda di figure che hanno ricoperto vari e numerosi incarichi di responsabilità differente.

1.1   STORIA DELLA PROCTER & GAMBLE

Nel 1837 avviare un'azienda era cosa difficile. Nonostante Cincinnati fosse un mercato fiorente, la nazione era in preda al panico finanziario. In tutto il paese centinaia di banche chiudevano i battenti e vi era la diffusa preoccupazione che gli Stati Uniti fossero alla bancarotta.

Ciò nonostante, Procter e Gamble dettero il varo alla loro nuova impresa, preoccupandosi più di come competere con gli altri 14 fabbricanti di sapone e candele della città che non della grande paura finanziaria che scuoteva il paese. La loro calma di fronte a quella tempesta economica rispecchiava il loro approccio lungimirante agli

affari, approccio destinato a diventare la caratteristica distintiva di Procter & Gamble. Negli anni 1850, per esempio, incuranti delle voci di una imminente guerra civile in America, decisero di costruire un nuovo stabilimento per sostenere la loro attività in crescita. Successivamente, Procter e Gamble attuarono con spirito pionieristico uno dei primi programmi di partecipazione ai profitti adottati nel paese e furono tra i primi industriali americani ad investire in un laboratorio di ricerca. Nel 1890, da un'impresa alle prime armi la partnership tra Procter e Gamble si era evoluta in una società per azioni valutata in diversi milioni di dollari. Ma P&G aveva ancora lo sguardo rivolto al futuro. Nel 1890, P&G vendeva più di 30 tipi diversi di sapone, tra cui Ivory. Stimolata da una pubblicità innovativa, come inserzioni a gamma di colori completa in riviste a diffusione nazionale, la

domanda di saponi P&G da parte dei consumatori andò crescendo continuamente. Per farvi fronte, la Società cominciò ad estendere le sue attività oltre i confini di Cincinnati con uno stabilimento a Kansas City(Kansas), e quindi oltre quelli degli Stati Uniti con un complesso di produzione nell'Ontario, in Canada. Non appena inaugurata una nuova fabbrica, veniva progettata la costruzione di un'altra.

Il suo laboratorio di ricerca non era meno attivo dei suoi stabilimenti. Nuovi prodotti innovativi venivano lanciati uno dopo l'altro: Ivory Flakes, un sapone in fiocchi per indumenti e stoviglie; Chipso, il primo sapone progettato per macchine lavatrici; Dreft, il primo detersivo sintetico per uso domestico; e Crisco, il primo "strutto" interamente vegetale che cambiò il modo in cui l'America cucinava.

Più importante di ogni altro era forse il fatto che queste innovazioni non traevano impulso soltanto da una ricerca e sviluppo svolta come fine a se stesso, ma erano fondate su una profonda comprensione dei bisogni dei consumatori acquisita mediante l'approccio pionieristico di P&G alla ricerca di mercato.

Anche loro commercializzazione era attuata con tecniche altrettanto innovative, d comprese le "soap opera" radiofoniche, il campionamento di prodotti e i premi promozionali. Nel 1945, P&G era diventata un'azienda del valore di quasi 350 milioni di dollari. I suoi prodotti erano popolari in tutti gli Stati Uniti e nel Canada e la Società aveva compiuto il suo primo passo verso l'espansione oltreoceano con l'acquisto di Thomas Hedley & Co., Ltd in Inghilterra. Dopo 108 anni di attività, P&G era in procinto di conoscere una crescita spettacolare. Nel 1946 P&G lanciò Tide, il più importante dei suoi nuovi prodotti dopo Ivory. Grazie alla sua notevole superiorità rispetto agli altri prodotti esistenti sul mercato, Tide riscosse ben presto un enorme successo, di portata tale che contribuì a finanziare la rapida crescita della

Società in termini non solo di nuove linee di prodotti ma anche di nuovi mercati internazionali. Negli anni successivi al lancio di Tide, P&G lasciò la sua impronta su diversi nuovi settori. Crest, la prima pasta dentifricia al fluoruro, conquistò la leadership

del mercato grazie all'endorsement della American Dental Association, un fatto senza precedenti. La tecnologia delle paste per carta sviluppata dalla Società fu il propulsore della sua crescita nei settori della carta tissue e degli asciugamani di

carta. P&G inventò poi letteralmente la categoria dei pannolini "usa e getta" con il lancio di Pampers nel 1961 e consolidò i business precedenti con nuove gamme di alimentari e bibite, in modo particolare in seguito all'acquisto della marca di caffè Folger's nel 1963, rafforzando inoltre la propria reputazione nel settore bucato con il lancio di Downy, il suo primo ammorbidente per tessuti. Il fattore più importante, tuttavia, fu la sempre maggiore attenzione dedicata dalla Società alle proprie attività internazionali. Convinta che per avere successo in nuove aree geografiche fosse necessaria una presenza operativa nelle stesse, P&G cominciò ad avviare business dapprima in Messico e poi in Europa e Giappone. Nel 1980 l'Azienda operava in 23 paesi del mondo, con un

fatturato di quasi 11 miliardi di dollari e ricavi 35 volte maggiori di quelli registrati nel 1945.

Nel 1980, con l'approssimarsi del suo 150.mo

anniversario, P&G era alle soglie del più straordinario periodo di crescita della sua storia. L'azienda nata come piccola partnership del Midwest stava per trasformarsi in una delle maggiori società multinazionali americane. Questo eccezionale periodo fu caratterizzato da due importanti cambiamenti.

Inizialmente, la Società emerse come nuovo importante interlocutore nel settore dei prodotti per cura della salute

in seguito all'acquisto di Norwich Eaton Pharmaceuticals nel 1982 e di Richardson-Vicks nel 1985, ed in quello dei cosmetici e fragranze dopo aver rilevato Noxell, Max Factor ed Ellen Betrix sul finire degli anni '80 e nei primi anni '90. Tali acquisti

dettero anche impulso ai piani di globalizzazione di P&G; Richardson-Vicks e Max Factor in particolare portarono ad una forte espansione della sua presenza internazionale. Facendo leva sulle sue nuove forze globali, la Società creò una rete mondiale di ricerca e sviluppo, con gangli principali negli Stati Uniti, in Europa, Giappone ed America Latina,

conquistando posizioni leader con Pampers, Always/Whisper, Pantene Pro-V, Tide, Ariel, Crest, Vicks e Oil of Olay, prodotti ormai divenuti vere e proprie marche mondiali.

Nel corso degli anni, le innovazioni apportate da P&G hanno consentito a Tide di continuare ad essere il prodotto leader nella sua categoria e la maggiore delle marche della Società, che oggi è un'azienda autenticamente globale. Dal 1980, l'Azienda ha quadruplicato il numero di consumatori -- circa cinque miliardi di persone in tutto il mondo -- ai quali è in grado di fornire le: sue marche. P&G opera attualmente in più di 70 nazioni e i suoi prodotti sono in vendita in oltre 140 paesi del mondo, ed è questa realtà che ne fa

il più grande produttore di beni di consumo e quello di maggior successo nel mondo.Con un personale di 110.000 persone in tutti i continenti, P&G si pone anche come una forza

importante per lo sviluppo economico ed il benessere nel mondo. Come William Procter e James Gamble più di cent'anni fa, gli uomini e le donne di

Procter & Gamble hanno però lo sguardo rivolto al futuro, per continuare ad assicurare ai consumatori mondiali prodotti di qualità e valore superiori. P&G è un leader riconosciuto nel campo dello sviluppo, produzione e marketing di prodotti di qualità superiore per la cura dei tessuti e della casa, per neonati, per l'igiene femminile, l'estetica e la salute, come anche dei tissue e asciugamani di carta e degli alimentari e bibite.p&G offre circa 250 marche a quasi cinque miliardi di consumatori in più di 130 paesi del mondo. Tra esse figurano Pampers, Tide, Ariel, Always, Whisper, Pantene, Bounty, Pringles, Folger's, Charmin, Downy, Lenor, lams, Olay, Crest, Vicks e Actonel.Con un personale di 106.000 persone operanti in ogni continente, P&G rappresenta inoltre una forza importante per la crescita economica ed il benessere nel mondo come William Procter e James Gamble più di un secolo fa, gli uomini e le donne di Procter & Gamble hanno però lo sguardo rivolto al futuro.

Gli obiettivi di crescita della Società includono: raddoppiare i volumi unitari nello spazio di dieci anni; incrementare la quota di mercato nella maggioranza delle categorie di prodotti; ed assicurare agli azionari un reddito totale che collochi P&G nel terzo superiore del gruppo dei suoi pari.

Più importante di tutti è il proposito di continuare a fornire ai consumatori mondiali prodotti di qualità e valore superiori. Il raggiungimento di questi scopi favorirà il prosperare dell'azienda P&G, dei suoi dipendenti ed azionari e quindi delle comunità in cui viviamo e lavoriamo.[3]

---

3 Fonte: www.pg.com

1.1 PROMOTE FROM WITHIN

In generale, una politica di Promote from within significa che il datore di lavoro ha dichiarato l'impegno a prendere in considerazione lavoratori presenti per l'opportunità di promozione prima di assumere i candidati al di fuori dell'organizzazione. Promuovere all'interno dell'organizzazione è tipicamente un obiettivo di gestione, tuttavia, non è una regola.

Andando sul sito della Procter & gamble http://www.pgbalkans.com/promote-from-within , possiamo vedere che questa sua politica è ampiamente confermata e ne parla in questo modo: *"P&G is a promote-from-within company – Virtually all of our management hires enter the company at entry level, generally out of an undergraduate or graduate educational program. Even though we hire predominantly at the entry level, there are limited opportunities for people with specific work experience if that expertise is not available internally.*

When these jobs become available, they are typically posted on our website or other job boards.

Promote-from-within means several things to new hires:

⋏ ⋏⍰   *It means P&G is a training company. It has to be, because there is no way to move ahead unless managers train their replacements. So on-the-job, formal classroom, and Web-based training is part of everything we do.*

⋏ ⋏⍰   *It means P&G can preserve a culture of ownership, integrity, trust, and a passion for winning because we can instill and role model these core values every day.*

⊿ ⊿ ⬚   *It means there is unlimited opportunity to grow because all your competition is internal. Our next CEO is already in the company and that holds true for all of our senior positions.*

⊿ ⊿ ⬚   *It means we can create a less political, more collaborative environment precisely because many of our new hires will stay and grow over many decades.*

It is therefore in their interest, as well as ours, to create an open, transparent environment where ideas are more important than titles.

P&G offers two possible career paths:

⊿ ⊿ ⬚   *Administrative/ Assistant- jobs within this career path focus primarily on administrative duties, ranging from basic administration to expert level, where significant technical knowledge and experience is required.*

⊿ ⊿ ⬚   *Managerial- jobs within this career path target development to key middle and top management positions and tasks are focused on strategic planning, cross-functional coordination and supervisory responsibilities/people development.*

The transition from an administrative position to a managerial one is infrequent, but not impossible, the primary focus being on development within one's career path.

The policy of our company is promotion from within, this is why we only hire at entry level and then promote from within. This is applicable for both career paths. For recruiting in both categories we use the same Reasoning Test, but with different scoring thresholds.

The bottom line on promote-from-within is that recruiting the best of the best
is a matter of corporate survival.
Our success tomorrow depends on how well we recruit today. We have to be
good if the company is to prosper."[5]

1.1   DIVERSITY AND INCLUSION

Le organizzazioni e le imprese assomigliano sempre più a luoghi dove
esercitare competenze e capacità per "organizzare la diversità". Fare impresa
e management significa lavorare con un accentuato impegno sulla dimensione
culturale dei contesti organizzati. Comprendere e sostenere i processi di
identificazione senza radicalizzare le identità, ma sviluppando forme di
riconoscimento, diventa la chiave di successo delle strategie organizzative.
Allontanare e prevenire pregiudizi e stereotipi può essere il tramite per
costruire culture manageriali e pratiche di gestione adeguate a gestire e
valorizzare le differenze, assecondando uno sviluppo al "plurale" degli
individui e dei gruppi. Perseguire obiettivi di inclusione organizzativa
costituisce al tempo stesso leva efficace per accrescere produttività,
benessere e valore[4]. La diversità è la gamma delle differenze umane, inclusi
ma non limitati alla razza, etnia, genere, identità di genere, orientamento
sessuale, età, classe sociale, capacità fisiche o attributi, religioso o etico
sistema di valori, origine nazionale, e politica credenze.
L'inclusione è il coinvolgimento e la responsabilizzazione, in cui si
riconoscano il valore intrinseco e la dignità di tutte le persone. Un'università

---

4   www.pg.com
5   fonte: http://www.lavoroperlapersona.it/discussioni-ellepi/diversita-e-inclusione/

promuove e sostiene il senso di appartenenza; essa i valori e il rispetto pratiche per i talenti, le credenze, sfondi e modi di vivere dei suoi membri.

Come per la promote from within anche per la diversity and inclusion abbiamo un'ampia pagina sul sito della Procter&Gamble proprio su questo argomento e di come si avvali di questa politica, http://www.pg.com/en_US/company/purpose_people/diversity_inclusion.sht ml: *"Diversity & Inclusion is deeply rooted in our company's Purpose, Values & Principles. It is who we are, and aspire to be, as a company.*

When P&Gers come together, we create a rich tapestry.

Each of us is truly unique.

Beyond the visible differences, we come from diverse traditions, with a wide array of personal experiences and points of view.

Through our commitment, P&G brings together individuals from different backgrounds, cultures, and thinking styles providing remarkably different talents, perspectives, life and career experiences.

That's why, in our increasingly interconnected world, it is only appropriate that we celebrate everyone's uniqueness, every day.

The mission of Diversity & Inclusion at P&G is:

Diversity & Inclusion at P&G is EVERYONE. It is living it every day.

It is experiencing it everywhere.

It comes to life through everyday experiences and interactions that inspire P&Gers to unleash their potential and perform at their peak.

This peak performance is directly related to our ability to improve the lives of the world's consumers.

P&G is committed to creating a winning culture where colleagues and managers of others demonstrate sincere care for each other, extending a personal touch to each individual, and genuinely getting to know each other.

48

Everyone's full engagement is expected to ensure that P&G delivers on our mission in every part of our business.

Diversity & Inclusion is a sustained competitive advantage for the continued growth of P&G. It is implicit in the company's Purpose and Values and explicit in the company's business strategy for success.

It enables P&G to be the "employer of choice" that hires, engages, and retains the best talent from around the world, reflecting the markets and consumers we serve.

It is at the core of being "in touch" so that we create brands and products to improve the lives of the world's consumers now, and for generations to come.

Through our focus on understanding each individual's skills, passions, and our fundamental commonalities, we enable behaviors that lead to a culture of innovation.

P&G is dedicated to a supportive and encouraging environment that celebrates and values individuality in order to inspire each P&Ger to bring his and her personal best.

P&G is a community of diverse, talented people who are integral to our company's success. To win, we must value, respect, and include the people that make P&G business possible."[6]

---

6 www.pg.com

CONCLUSIONI

Possiamo concludere che teoricamente sia la Promote from within che la Diversity and inclusion sono approcci e politiche aziendali che effettivamente portano ad un aumento della motivazione in ambito lavorativo, la prima stimola la motivazione al successo mentre la seconda crea una ambiente favorevole stimolando una motivazione affiliativa. Però passando dalla teoria alla pratica possiamo riscontrare alcuni problemi, ostacoli o controindicazioni che possono essere causate dall'adottamento di queste politiche.

Per quanto riguarda la politica di Promote from within, ossia la promozione dall'interno può essere più o meno giusta in base al tipo di azienda che decide di adottarla, quindi per esempio una piccola azienda dovrebbe scegliere di costruirsi una politica di sviluppo dall'interno, facendosi aiutare inizialmente da un consulente.

Il fai da te in questo campo delicato, e impregnato di valenze culturali e simboliche, è molto pericoloso. Una vera politica di Promote from within si fonda sulla padronanza di alcuni strumenti tecnici e sul consolidamento di certi equilibri organizzativi e di potere. Se manca questo background, di conoscenze e di assetti interni, c'è il rischio di commettere degli errori costosi e irreversibili nella scelta dei candidati interni alla copertura di una posizione vacante:

- approccio contingente, cioè molto focalizzato sul "qui e ora" (la mansione da ricoprire nell'immediato), con un'insufficiente valutazione prospettica di quelli che potranno essere gli sviluppi futuri dell'organizzazione, della posizione e del collaboratore;

scarsa attenzione al potenziale del candidato, con quel che ne deriva in termini di motivazione/gestione nel medio periodo (oltre i 3 anni dall'inserimento nella posizione);

- attribuzione di un peso eccessivo alla componente tecnico esperienziale (know-how specifico e anzianità di ruolo), rispetto alla leadership, che invece è determinante per la gestione dei team di lavoro.

Come si vede, promuovendo dall'interno in un contesto strutturato di questo genere, si minimizzano gli errori di selezione e si rende più efficiente l'organizzazione.

Se si decide di puntare su dei manager provenienti dall'esterno, bisogna lasciare loro degli spazi adeguati di autonomia e di azione, e dei tempi di valutazione adeguati.

Affidarsi al mito dell' "uomo della provvidenza" è una scelta miracolistica che sa di disperazione e di impotenza. E che comporta quasi sempre delle amare delusioni.

Quindi per quanto riguarda il caso specifico della Procter&Gamble possiamo dire che la scelta di questa sua politica è quanto più corretta perché ha le dimensioni giuste, i numeri e la forza per attuarle e non incontrando quegli ostacoli che una piccola o piccolissima impresa può trovare, ad esempio una azienda di questo tipo può rispetto alle piccole imprese attuare un piano formativo del personale in modo da creare le basi per una promozione che nel tempo porterà a dei buoni risultati.

Per quanto riguarda invece la politica di diversity and inclusion, che come abbaimo detto rappresenta la gamma delle diversità umane, per le piccole e piccolissime imprese diventa di non facile attuazione, non solo per la ricerca del personale, ma anche e soprattutto per la gestione delle diversità, quindi per la fase dell'inclusione in ambito aziendale, che possono portare a difficoltà nel raggiungimento dei risultati e, inoltre, a una minor efficienza in generale per la difficile collaborazione che potremmo riscontrare.

Le grandi imprese, invece, come appunto la Procter and Gamble possono gestire queste problematiche con maggior forza e possibilità di manovra facendo in modo che le diversità no vadano a rappresentare un ostacolo al raggiungimento del risultato finale, bensì un fattore che crei un ambiente favorevole che poi è alla base della motivazione che porta di conseguenza all'ottenimento di risultati aumentando l'efficienza.

Quindi, questa politica di diversity and inclusion, può portare a risultati opposti, sarà per tale motivo a fare la differenza la capacità di gestione della diversità.

BIBLIOGRAFIA

⊀ ⊀ ⊓ Denis Delespaul, 2006, *COSTRUIRE LA MOTIVAZIONE GLOBALE,* Franco Angeli

⊀ ⊀ ⊓ Gisella Hageman, 1992, *ECCELLENZA NELLA MOTIVAZIONE,* Franco Angeli

⊀ ⊀ ⊓ Advertsing Age, 1991, *LA STORIA DELLA PROCTER & GAMBLE*, Lupetti

⊀ ⊀ ⊓ Roberto Tomalin, 1990, *LA MOTIVAZIONE* Legnano : Finpress, stampa

⊀ ⊀ ⊓ Maurizio Decastri, 2011, *LEGGERE E PROGETTARE LE ORGANIZZAZIONI,* Guerini Scientifica

SITOLOGIA

➤ ➤ www.pg.com

➤ ➤ www.manageronline.it

➤ ➤ www.pmi.it

➤ ➤ www.ilsole24ore.com

➤ ➤ www.lavoroperlapersona.it

www.ingramcontent.com/pod-product-compliance
Lightning Source LLC
Chambersburg PA
CBHW021042180526
45163CB00005B/2248